Amable Mejía
El amor y la baratija

POESÍA

Amable Mejía

EL AMOR Y LA BARATIJA

POESÍA

West Virginia
Estados Unidos de América
2019

Sociedad Internacional de Escritores

Colección Nuevo Ícaro —6— Poesía

OBSIDIANA PRESS
www.oplibros.com

ISBN 978-1-948114-04-2

Colección Nuevo Ícaro —6— Poesía

OBSIDIANA PRESS
www.oplibros.com
www.obsidianapress.net
e-mail: info@obsidianapress.net

LA POESÍA PARÓDICA DE AMABLE MEJÍA

Los escritores irónicos son, quizás, quienes con mayor agudeza asocian el destino fatal de sus vidas, con el placer de padecer el desgarramiento del otro. No hay el menor riesgo de que esta actitud de acceso a la tragedia, a través de la visión paródica del texto, nos exponga hacer deducciones dudosas de los valores del libro "El Amor y la baratija," de Amable Mejía, publicado por la colección Ángeles de Fierro, en Santo Domingo, República Dominicana, en el año 2007. Al contrario, al percibir su tono paródico-humorístico nos regocijamos de lo trágico. Efectivamente, si Amable Mejía nos ofrece una visión escéptica del hombre, es porque esa visión, nos conduce al absurdo.

A pesar de que Mejía se sirve del decir poético como un procedimiento retórico en sí mismo, él mismo se burla de sus referentes expresivos. En tal caso, esa vinculación de lo paródico a lo absurdo, es el medio esencial para proteger el poder simbólico latente del poema y su relación humorística con la vida. Al mismo tiempo, esa conexión sirve de anuncio y de reproche; de aviso y de llamada a este invencible circo de la vida.

"Confío en mí tanto como en la llave rota dentro de la cerradura. Razono en ella tanto como lo haría con el ratón que dejé encerrado en el estanque, en el cuarto sin techo, con la luna llena y esperando y lloviendo. Creo entender porqué me quedé de pie con la sillas vacías, porque mi mano derecha no se alza para aprobar mi expulsión de la puerta…"(pág.28).

Platón en el libro II de su "República", pone en guardia al poeta frente a un posible proceso festivo. Nadie en sí mismo puede creerse el hecho de existir, a partir del sentido festivo del desenmascaramiento místico del ser.

Con Amable Mejía, al menos con cierto Mejía, estamos ya frente a la irreverencia: lo prestigioso minado por la ironía y el humor, la apoteosis de la imaginación que se resuelve en un prosaísmo ambiguo, hasta una suerte de "química" verbal que corroe toda posible alquimia.

La poesía de Amable Mejía, la de Alexis Gómez-Rosa, la de León Félix Batista, la de Armando Almánzar Botello, entre otras obras, rompen con varios prejuicios de la literatura dominicana: el del "realismo" y el del "poeticismo". El poema, para existir, no requiere reflejar la realidad: inventa otra, y, quizá lo más importante, la inventa como irrealidad.

Comparada con la poesía de Alexis Gómez-Rosa y León Félix Batista, la de Amable Mejía resulta ser todavía más anti-obra, y aún podría decirse que es mucho menos "artística" ¿No parece, incluso, una "obra en bruto"? Esto es, una obra cuya audacia no busca inscribirse dentro de la "aventura" del arte: no quiere "perfeccionar" las formas, quiere confundirlas todas, socavarlas; no intenta complacer sino chocar.

"En el comienzo fui Yo. A mitad del camino, Yo. A cualquier hora del día o la noche, Yo. De espaldas, Yo. Yo en el sí, en el no. Para encender la luz o apagarla, Yo. Mire o no mire, Yo. Estate tranquilo. Muévete. Despacio. Rápido. Con sed. Hazlo, Yo. Defeca. Orina. Abre la puerta. Ciérrala. Contra el polvo. Con cuidado. Así no. Mira que te puedes caer. Te lo dije" (pág 11).

Mejía sabe que todo arte es inverosímil: mejor dicho, que su verosimilitud es sólo una convención: el poeta hace "como" si escribiera la realidad, el lector hace "como" si leyera la realidad. Mejía como Beckett, quiere eliminar el "como si"; en su mundo no tienen sentido ni lo verosímil ni lo inverosímil. Esta autonomía, a su vez, no está fundada en ninguna belleza especial del lenguaje—el de su propia obra no puede ser más sencillo tanto en el léxico como en la sintaxis.

La rebeldía ontológica no conduce, necesariamente, al nihilismo. Mejía, por el contrario, tiene un sentimiento sagrado de la palabra, como lo tiene también del mundo. Lo que Mejía busca es hacer encarnar esa palabra en la vida misma, reencontrar la original intensidad de la palabra. No le interesa, obviamente la desdeña, la pura elegancia formal. Las seducciones encantatorias del ritmo.

El referente autónomo del poema supone, en cambio, otra cualidad del lenguaje: una nueva relación de las palabras que nos hace imaginar una nueva relación entre las cosas. El poema, pues, es un objeto verbal, un objeto a la vez simple y complejo; está hecho de palabras cotidianas y esas palabras, sin embargo, van tejiendo, y nos proponen, un mundo insospechado. Mejía, por su parte, es un devorador alucinado:

"Parecería trágico guiarse hacia donde caen las cosas y

no reproducen ecos, o fuera de lugar, el ponerse medio a medio de la oscuridad y pensar en un animal mitológico cualquiera y que aparezca saliendo de la pared" (pág.49).

Sabiduría y rebelión: dos venenos. Incapaces de asumirlos, Mejía no encuentra, en ninguno de las dos, una fórmula de salvación. En la aventura filosófica de esta obra, la expresión de un cierto tipo de malditismo adquiere un valor que nunca llegamos a poseer. Para Mejía, la percepción misma es un espacio de subversión. Rebelarse con cualquier motivo comporta una irreverencia contra uno mismo. ¿De dónde sacaríamos para la contemplación de ese derroche "estático", esa concentración en la inmovilidad? Dejar las cosas tal como están, mirarlas sin querer "morderlas", percibir su esencia, nada más hostil a este poeta. Mejía, como Cioran y Lautreamont, aspira a zarandearlas, a torturarlas, "a prestarles nuestros furores". Idólatra del gesto, del juego y del delirio, el poeta arriesga la vida en el decir. No llega, en cambio, a desgarrarse por el fracaso, sino, por cierta sabiduría que excluye, a su vez, todo sentimiento de victoria. De algún modo, en la obra de Mejía, desengaño y fracaso figuran la parábola del hijo pródigo. ¿No figura ésta, también, el destino mismo de la poesía y del hombre? La experiencia conflictiva con el lenguaje ¿no es igualmente un debate con el universo?

Plinio Chahín

DEL PERDÓN

Conciliar debería arrastrar menos perdón que cuando se está dispuesto a ceder. Perdonarse sin drama, sin lloriqueos y posturas, por sentirse obligado a hablar, a justificarse, a decir que se equivocó aunque se esté lo bastante lejos de haberse equivocado, pero se pide perdón porque se desea, por una ventaja vista a corto plazo, que al perdonar o perdonarse nada se le agregue al crecimiento interior.
Para lo único que sirvió fue para hablar.

TODO POR LA CAUSA

Merezco un día más, no una hora, sino un día de hora
a hora cargando con lo que queremos dejar o terminar.
Implorarlo, no con las manos juntas y en pantomima, y
quién sabe si de esa manera, o peor aun, llorando como
loco como si se nos hubiese ahogado el que no vendrá.
Merezco un día, un solo día y podrán ver como conclu-
ye este poema, si llueve mañana, si niebla mañana.

RULETA RUSA

No todo el mundo se reí tanto de si mismo como yo,
ni intenta ponerse en ridículo a la menor ocasión. Me
gusta jugar conmigo mismo a mostrar interés, y no
hay cosa que el otro intuya más rápido que no soy eso
que digo, que quiero demostrar, que intento convencer.
Es mi eterno malditismo, mi eterna querella en lo que
respecta al amor.

TRABALENGUA

No. Es una palabra interesante. Si se es justo, le debemos más de lo que podamos imaginarnos. Su distancia es tan corta de un aliento a otro que se parecería a la palabra: Si, sin embargo, no es así. No, arrastra, conmueve, permite la compasión, pensada o no. No, siempre es mi meta, mi bandera blanca de rendición para desistir de quedarme sin moverme y seguir mi camino, como debe ser la finalidad de cualquier mortal, si dice: No.

PARA QUE NO PIENSE

En el comienzo fui Yo. A mitad del camino, Yo. A cualquier hora del día o la noche, Yo. De espalda, Yo. Yo en el sí, en el no. Para encender la luz o apagarla, Yo. Mire o no mire, Yo. Estate tranquilo. Muévete. Despacio. Rápido. Con sed. Hazlo, Yo. Defeca. Orina. Abre la puerta. Ciérrala. Contra el polvo. A favor del polvo. Con cuidado. Así no, por ahí no. Mira que te puedes caer. Te lo dije. No saltes. Hazlo ahora. Bien. Será mejor que lo deje para mañana. Mañana no, Yo. Por favor. ¡Oh sí! ahora mismo. Si, por favor. Qué no. ¡Válgame Dios! Yo. ¿Sabes lo qué estás haciendo? Yo, huela o no huela. Toque o no toque. Ni que me empujen. ¿Qué puedo hacer Yo?

CONTRATIEMPO

La sensatez no siempre es un atributo a tomar en cuenta para la vida, en el fondo es negadora de esos momentos que se valoran como importantes y trascendentales. Luego, es como si quisiéramos que toda nuestra existencia pase a valorarse a partir de ese momento.

No fui insensato cuando la vi ni lo sigo siendo cuando la recuerdo. El recuerdo de la muerte en vida nos deja vacíos. Este último es el que padecemos y que tomamos en cuenta para valorar la propia vida y algo que pertenece al reino de la locura, llamado felicidad.

VIVIR

Temo al recuerdo como fuente para determinar mi felicidad presente. Volver atrás, aunque sea en la memoria, para sonreír, no es bueno para la salud. Lo mismo le sucede al cuerpo respecto a las enfermedades que lo postran y lo envilecen, pasa con el estado de ánimo generado por ese recuerdo, puede morir de un derrame o un ataque al corazón. Temo más a este último que al primero. Morir como cuerpo es toda una X mayúscula, respecto a la felicidad, mejor ni pensarlo.

PARTE ATRÁS

Se tiende a pensar que todo es debido al tiempo que vivimos, que todo es fruto del tiempo, de lo que genera el hombre como hacedor de historia. Es cómodo pensar así, diagnosticarlo, inclusive reduciéndolo a lo individual. Si no será que todo lo que queremos reducir a nuestra forma de ver y sentir, destruir y construir la vida, la forma de morir, de amar, de vivir.
Mentiría si dijera que quiero moverme porque lo desee.

TARDE EN UNO

Convivir con el prójimo solo es interesante si se desea. Si es nuestra meta por necesidad. El prójimo, incluyéndome, es uno de esos términos que cabe en cualquier lugar, pero no se acepta con la facilidad con que decimos: 'Venga a mí...'. Ser prójimo de si mismo es mi meta, anhelo, mi sueño diurno. Es como la realización de todas nuestras micros metas fallidas, inconclusas o abandonadas por la mitad o en sus comienzos.

DEL DÍA A DÍA

Cuando llevo prisa hacia la casa donde habito, generalmente tengo que cruzar dos calles y caminar por dos aceras. En una, una mujer me vio y para llamar mi atención se frotó los senos, sentí no ser su mirada, y sin reponerme aun de tal hallazgo erótico, la mirada me ordenó que me detuviera. Por como lo hice y siendo una persona sumamente obediente, no hice más que acatar su llamado. Cuando iba a preguntar el motivo de...
Echo mano a mi naturaleza, a la vez de sacar la lengua, sin más. Dejé caer mis brazos y grité. Como se volteó a mirar a la otra mujer de la acera contraria, no volví a ser el mismo cuando pienso en ello.

ENCIMA DE UNA BOTELLA UNA VACA

Saber que podemos engañarnos y quedar impune, debería de llenarnos de satisfacción. Saber que nunca hemos amado a nadie como para perder el norte de lo que estamos haciendo debería llenarnos de miedo. Sin embargo eso no pasa, y para hacer alarde de profeta menor, nunca pasará. Saber que nos hemos soñado en un lenguaje que luego al despertar no podemos traducirlo, desencantaría al más cuerdo, obligaría al más ingenuo a seguir soñando hasta encontrar la forma de traducirlo al latín.

Sería como pasarse la vida durmiendo.

BREVE PORQUE SI

Es lo que quiere. La lección es buena y ejemplarizadora. Es lo que quiere, no volver, por supuesto, vengarse tampoco. Quiere… ¿Volver y verse como si nada? Si, para que lo vean, para sentirse visto y oído, razonar como uno y no como cero, que es lo que es, sino fuera lo que es.

JUGANDO AL FIN DEL MUNDO

Ya no hay tiempo para entender nada, lo digo por un reloj comprado para recuperar un tiempo secuestrado por
otro reloj dañado. Por otro alud de arena y ojos asusta-
dos. No porque esté pasando algo digno de entenderse,
sino por la interrogante por y para qué sirve. Ya no hay
tiempo, y sin embargo pienso en encender la luz, buen...

BOCA

Una sombra sin luz es pisar. Pisar, ignorar la lluvia y porqué no, que no pisaste, que imaginaste pisar y que todo estaba acompañado a como pensaste que estaba oscuro y pisabas... y por eso no dijiste nada, por lo oscuro de la boca.

IRAK E IRÁN

Rendirse, ¿Cuánto cuesta estar sentado? Rendirse conforme, parecido a pedir permiso para pasar a un baño ajeno. Rendirse, sacándose los dientes postizos, penando en la muerte ajena, extraña de un cuerpo, parecido al nuestro.

CONTRACORRIENTE

Un día mi hijo me preguntó porqué odiaba a su madre. No es que la odie, aunque lo intente, más bien, es la única manera que poseo de matar el amor que ella sintió por mi.

UN RATÓN PLÁSTICO

Siendo joven encontré sin buscar la amada de toda la vida. Entonces el cuerpo habló en su lenguaje de oscuras referencias, de saciar su afán de multiplicarse sin mucho esfuerzo y de espalda.

Luego comprendería el rostro de un ahorcado con la luz apagada.

MEDICINA PARA DORMIR

Esperando un regreso el cansancio no se siente. Viene cuando se presiente que lo se aguarda no vendrá, entonces se empieza a sentir realmente el cansancio, a cargar con el peso con el que se cargará cada segundo, cada minuto y a explicar luego a nadie desde una muda espera, tras mirar fijamente el polvo y la ausencia.

RECIPIENTE VACÍO

Esperar palabras. Recibir palabras cuando se presente la ocasión, para patentizar en ellas los elogios, las ofensas, los caminos largos. Los cortos: ver un río crecer y decrecer y no poder cruzar.

Esperar palabras. Recibir palabras por como se pongan de acuerdo los hablantes en el tiempo, perecerá el tiempo de cumplirlas.

LA HEROÍNA DEL AMOR Y LA BARATIJA

Con un poco más de imaginación podría entenderse sin mucho esfuerzo. Hago constar que me refiero al esfuerzo del tiempo, a lo que el tiempo aclara y hace que se renuncie a ello. Sería fácil entenderlo sino interviniera... (Llamémosle corazón o juego, por decir algo dentro del orden en que se desenvuelven estas palabras). Ellas existen en un orden de cosas y cotidianidades coherentes. Ellas viven dentro de esa secuencia, yo no, de ahí la distancia que ya veo y siento, además de que ya no doy muchas vueltas detrás de nada, ni nada me llena lo suficiente para tener la confianza en mí mismo y con lo que me rodea. Ellas me dejan y yo las dejo.

Al rato me dicen adiós con los deditos, que en otras circunstancias hubiesen sido juego para el amor.

QUEJAS SIN NADA EN LAS MANOS

Para denotar que se vino a la cita, una tos, que por la oscuridad fácilmente se confundiría con algún pájaro nocturno prehistórico.

Esa leve tos y un llamado: 'estás ahí...'. No se responden de una vez sino con el cuerpo noche adentro, meteoros caídos desde el cielo, desde alguna boca de agua desconocida. Esa tos, ese llamado a la sangre sin el tambor de la luna llena, del verano recién iniciado, de números contados y que no se pase de dos.

Esa tos con la dictadura del tiempo, con las quejas del deseo en las manos, en los ojos que tosen también, que esperan su destrucción.

LA LLAVE ROTA DENTRO DE LA CERRADURA

Confió en mí tanto como en la llave rota dentro de la cerradura. Razono en ella tanto como lo haría con el ratón que dejé encerrado en el estanque, en el cuarto sin techo, con la luna llena esperando y lloviendo.

Creo entender porqué me quedé de pie con las sillas vacías, porqué mi mano derecha no se alza para aprobar mi expulsión de la puerta, tras mi imposibilidad de entrar a la casa porque dejé la luz encendida, el Fausto de G. abierto en una página y tengo miedo.

EL AMOR Y LA BARATIJA

1

Escudándome a mí mismo solicité amor. Escuchándose
a sí misma ella acudió a la mirada para dejar pasar el
tiempo, el de madurar los frutos recién propuesto a su
alma, si fuera por aceptación inconsciente o el corazón.
Entonces todo dependería del tiempo y del tipo de fruta.
El tiempo: arena y agua. El fruto: la estación deseada.
El juego cósmico del sol, la luna y la tierra. El del patio:
el hombre, la mujer y la baratija.

2

Converso. Pienso que todos los recursos del amor, el de las manos, es el impostergable, el que asara los cuerpos, incita al agua, refunde el tiempo. Contrario a la razón imperante es imperativo el juego, el zodíaco. Al azar se deja los caprichos climatológicos, la forma de amar en el tiempo, la violencia intrafamiliar y, por supuesto, la del sistema político de turno.

3

En orden no sé pensar. Podría ser por la edad. Está
dentro de las causas, por cierto, causante de muchas
penas irreconciliables. Convencer a alguien de que es
importante y necesario amar amplia los márgenes de la
experiencia del placer, no de la perpetuación de la espe-
cie. Esto último es todo un salto al vacío, una propuesta
de recién nombrado, aunque sea un muerto. Tengo las
manos blancas para tomar la baratija y colocarlas en tus
manos.

4

Por imposibilidad de realizar el tránsito pienso más de
la cuenta. Cualquier tontería nos somete, gana terreno y
sin poder evitarlo toda ella se convierte en boca, de lo
que sería capaz de hacer, de transmutar alquímicamen-
te, de hacer que nada despierte sino para su servicio.
Porque no podía pensar sino en ello.
Acudí a mi mente por una imagen de bailarina rodeada
de cosas de su oficio y esperé su sonrisa.

5

Todo consiste como lo vea desde dentro. A como deje que tome la dimensión deseada y espere su aceptación o rechazo. Esto último solo me asombraría, si sus manos no hicieran el gesto habitual de aceptar algo, tras sonreír y la sonrisa parecerse a la Gioconda recién seducida o contrariada tras un dilema moral o una sonrisita sin causa aparente, pero que busca confundir y se acepta complacido.

6

Tengo a la vista un movimiento ascendente y descen-
dente, una imagen de péndulo de un rayo de luz solar.
Lo que nadie ha de imaginarse pienso. Lo mismo pienso de tu cuerpo en una habitación bien alumbrada por
el sol y tu carne confundida con la sombra de la mano
y aquel movimiento, aquel ondularse eterno del agua y
la arena. Reo de un punto no pienso más que en ti y una
cadena de plata que cae del cielo.

DOS MUJERES Y YO

No siempre ante su presencia mi corazón responde de la manera que mi razón espera. Por supuesto que sé la razón o las razones. En el caso del corazón, con funciones asignadas desde la creación, no me atrevería a pensar nada, no así con la razón. Esta es una atribución del cerebro que al cultivarse reduce los márgenes de errores al mínimo, al momento de valorar o entender que algo le conviene desde el punto de vista de pensarse asimismo. ¡Ah! una visión de mujer en ropa interior y un cuerpo deseoso de sumergirse en otro cuerpo hasta el infinito.

CAPITULACIÓN

Vuelvo a apelar a la razón para explicar o explicarme el deseo, o los deseos de otro cuerpo en un cuerpo. No la razón en otra razón. Razonar no es algo frío como suele pensarse. Más bien, una sensación tibia en alguna parte del cuerpo, de la sangre. Como ande nuestra sangre así también nuestra sensación de lo que nos rodea. La sangre es la que intuye, la que nos dice cómo anda el universo minúsculo que somos respecto a la totalidad de la que formamos parte sin grado consciente, sin la individualidad que se pregona.

CUERPO DE SAL

1

Ahora volvamos a lo que vi, a lo que el corazón respondió como si fuera una visión de primera vez, sino es así como siempre respondemos cuando nos asalta el deseo de primera vez sin importar cuanto lo razonemos. El deseo no tiene nada que ver con el tiempo que se tenga o que desandemos en otro cuerpo, o nos prolonguemos en un punto y seguido.

2

Me he referido hasta ahora al concepto deseo, no de amor, de explicarme con la razón y la sangre. Como uno y otro logran convivir en un solo cuerpo. En una, sangre con vida y generadora de vida; en otra, fruto del aprendizaje, de la repetición permanente de una forma de mirar, oler, sentir o tocarse asimismo desde el sueño diurno y nocturno.

TIEMPO DE SEQUÍA

1

Apelemos a la sensatez. Sensatez con el cuerpo y cómo ha de guiarnos a oscuras a través de su memoria. Por si se desconoce, el cuerpo anda por su memoria cuando intentamos recordar el pasado recién. La memoria del cuerpo es infinita, no así el tiempo, su tiempo. Paradojas de paradojas, noches sin días. Apretada agenda que no conseguimos concluir.

2

Dejarse llevar, duplicarse en sí mismo hacia orillas desconocidas e intuidas en el tiempo instante venidero. Así intuye el cuerpo el deseo de perpetuarse, de hacerse uno y divisible. Así hierve la sangre como un ser independiente ante el objeto del deseo insatisfecho. Busca en la mirada su consagración definitiva, en la otra mirada, la que vuelve como un caracol, un mar adentro.

3

Fue toda agua mi mente, inundando cualquier pensamiento contra el pensamiento recurrido, salvado o con-
denado por como se siente lo que no se ve o viéndolo.
Se siente venir, permanecer o resquebrajarse dentro,
cuartearse dentro.

POR LA TANGENTE

La hora alcanzada y después de alcanzada. Perder sin poder perderla, sin acercarse a su nada, a su voltereta inconclusa hacia fuera, hacia adentro: toda una algarabía sin sentido y globos sueltos anoche y visto desde fuera. Posibilitando a la sangre, a la razón tomadora de pelo y fugaz al hacerse consciente desde el deseo pasadizo, sombra.

CLARO AL NOMBRE

Ah llamado que violenta la razón, la que tanto trabajo y días costó edificarla, con sentimientos a los lados, con rechazos ascendentes y descendentes, bajo el fluir continuo y discontinuo de la sangre, de perseguir rodando, rodándose.

ELOGIO A LA ENFERMEDAD

Los enemigos son beneficiosos a la salud. Son como el equilibrio de aquellas enfermedades que no conocemos a la perfección, por más que los médicos nos las expliquen, pero intuimos, como los colores que mezclados originan otros, que deterioran el original.

APOTEGMA

Mi hermano dijo: 'Lo que no ha llegado a mis manos,
no me hace falta. Lo bello que no estremece no es bello.
La presencia que no nos ausenta es presencia de sí
misma. La flor solo es flor en el tallo, cortada, cualquier
palabra que inventemos.

POSEIDÓN

Teniendo como paisaje el mar, una niña se suelta los cabellos. En ese mismo instante, otra, tan lejos como se pueda imaginar, lo hace frente al espejo y a un pequeño bosque fruto de la laboriosidad de su padre y el tiempo. La que está frente al mar, cuando cierra los ojos, Posei-dón la observa. La del espejo, yo.

EL CANDADO ABIERTO

De cualquier acercamiento lo que espero es la muerte, sin embargo, dejo que se acerquen a mí. La distancia es la vida, no la cercanía. Es a la conclusión que he llegado respecto a la capacidad destructiva que poseemos desde siempre. Un árbol es hermoso por como se nos da en la distancia. Cerca no se mira sino el detalle, que no encierra la totalidad.

NADA

No recuerdo que buscaba en aquella calle, a la que
de un vistazo podían contársele las casas. A quien no
camina las calles le parecen iguales, y no es así. Ésta,
la del recuerdo, demostraba todo lo contrario. Nunca
había visto una calle que llamara tanto al recogimien-
to, cuando a lo lejos divisé a una mujer sentada en la
acera, según me iba acercando vi que pedía limosna. No
esperaba un acontecimiento de esa naturaleza en una
calle cuya primera impresión fue el asombro. Seguí mi
camino. No recuerdo lo que buscaba en aquella calle.

VESTIDO DE BLANCO

Parecería trágico guiarse hacia donde caen las cosas y no reproducen ecos, o fuera de lugar, el ponerse medio a medio de la oscuridad y pensar en un animal mitológico cualquiera y que parezca saliendo de la pared. Debo de reconocer que la fuente de la juventud es la juventud misma, no así la sombra de las manos en la pared, lo que no termino de comprender por este hallazgo sobreviviente y vestido de blanco de acuerdo a como se vea, a como el olor del jardín de enfrente seduzca esta imaginación enferma y casi hecha triza por la falta de sol, de encaminarse sin problemas a una palabra cualquiera que delimite el respirar del animal, que asecha desde la sombra y no lo sabe, desde el tocar sin manos, sin ojos y llama que te llama, y nada.

Epílogo

EL AMOR Y LA BARATIJA:
NEGACIÓN Y DESEO

En los poemas de El amor y la baratija, Amable Mejía, al igual que todos los poetas que conocemos, clásicos y modernos, conduce a su lector a una ambientación, que no es, necesariamente, un lugar, un espacio, aunque puede serlo tan concreto como lo quiera el poeta. Sin embargo, la ambientación que crea el novelista para contarnos, parecida a la que apreciamos en el cine, pero también diferenciable, en poesía suele ser una realidad idealmente concebida, acaecida, un invento que, siendo intangible, se vuelve táctil, pues el poeta, orfebre experto, sabe que, sin esa ambientación, su poema no tendrá los efectos emotivos, psicológicos, sociológicos, o de cualquier otra índole, que operen como una fuerza potencial o manifiesta.

Esta ambientación poética no ocurre porque el poeta se sirva de tales o cuales palabras, meramente, sino que, sirviéndose de las mejores palabras, inventa un lenguaje, una estructura y una mitología propias. En el poema que da título al libro (El amor y la baratija) y que el poeta divide en seis partes, notamos que, a través del sentido del oído, ya estamos participando de esa ambientación sensorial, emotiva, dulce y compleja a la vez, de cierta corazonada o, para decirlo con palabras de Ungaretti, "sentimiento del tiempo", y que Amable Mejía, lo propone como instantánea "aceptación inconsciente", donde se evidencian los elementos del deseo: una fruta, arena, agua: "juego cósmico" donde son partícipes los elementos congénitos, evocaciones, sin duda, metafísicas...; el poeta delimita el sentido de los enunciados, dotándolos de un destino, de una fértil subjetividad insumisa.

Escudándome a mí mismo solicité amor. Escuchándose a sí misma ella acudió a la mirada para dejar pasar el tiempo, el de madurar los frutos recién propuesto a su alma, si fuera por aceptación inconsciente o el corazón. Entonces todo dependería del tiempo y del tipo de fruta. El tiempo: arena y agua. El fruto: la estación deseada. El juego cósmico del sol, la luna y la tierra. El del patio: el hombre, la mujer y la baratija. (EL AMOR Y LA BARA-TIJA. Pag 36)

(...)

Merezco un día más, no una hora, sino un día de hora a hora, cargando con lo que queremos dejar o terminar. (TODO POR LA CAUSA. Pag. 10)

(...)

No todo el mundo se ríe tanto de sí mismo como yo, ni intenta ponerse en ridículo a la menor ocasión. Me gusta jugar conmigo mismo a mostrar interés, y no hay cosa que el otro intuya más rápido que no soy eso que digo, que quiero demostrar, que intento convencer. Es mi eterno malditismo, mi eterna querella en lo que respecta al amor. (RULETA RUSA. Pag. 11)

(...)

No, arrastra, conmueve, permite la compasión, pensada o no. No, siempre es mi meta, mi bandera blanca de rendición para desistir de quedarme sin moverme y seguir mi camino, como debe ser la finalidad de cualquier mortal, si dice: No. (TRABALENGUA. Pag. 12)

Mejía es un poeta autónomo, que no necesita fingir una palabra honesta, ni salir corriendo hacia las cafeterías, con versitos de más, a exhibirlos ante aquellos instruidos en todo que, con justa puntualidad, suelen darse cita en tales esferas sociales, con sombreros de pluma, frac y bastón, como los buitres enfermos de literatura y mala leche.

No es gongorino, ni tampoco desconocedor de los poemas de Góngora. No tiene a Pessoa por un dios, como lo tienen otros poetas de su generación, la Generación 80; sabe bastante bien que, si él necesitara de un dios, ese no sería Pessoa ni Lorca ni Neruda: todos dioses muertos, al menos para quien sabe su camino. Y lo que sabe mejor que casi todos sus coetáneos es que no hay santos ni dioses, salvo en la literatura, meadero de la servidumbre.

Consciente de que no hay máscara que pueda desfigurar el rostro tan perfectamente, tan horrorosamente, que la propia, Amable Mejía, en los poemas de El amor y la baratija, se reviste solamente de despojos, contradicciones y desenmascaramientos prefigurados. Es un fustigador a mansalva, que no teme a la impiedad de sus semejantes y va, seguro de sí mismo, con insistencia, provocando una buena dosis de ponzoña contra ese otro, que, finalmente, es nadie. No estoy hablando del hombre que conocemos en Amable Mejía, sino de los distintos hablantes que participan, por fuer de su aura satírica, en estos poemas culpables.

El temperamento poético de Amable Mejía es parecido al de Arquíloco de Paros, aunque más efusivo y discurrido. También, en cierto modo, al de Quinto Horacio Flaco y, sutilmente, al de Cayo Valerio Catulo. Esta no es una comparación estricta, con la cual no persigo sino hacer un dibujo, imperfecto o aproximativo, de nuestro Amable Mejía.

Se distingue, con los poemas de El amor y la baratija, de los poemas de Nicanor Parra y de los poetas de su biósfera por no condicionar su habla al de los refraneros populares, las frases hechas, los bloques meramente verbosos, pero también en desligarse del tipo de versificación, aún en prosa poética, apegada a la simbolización obtusa y banal, a la visión y a la cerrazón conceptual. Y no es que Amable Mejía sea indiferente a la conceptualización concurrida, que lo es, pero con una diferencia: aparenta simplicidad, mientras que una buena parte de los poetas de su generación, suponen una profundidad coherente y, para sí misma, exuberante y consumada. Unos participan de la realidad de la suposición, huevos hueros, pero huevos de la inteligencia, de la erudición, de la grandeza malhadada, sin embargo, Amable Mejía no exhibe ni exagera esas artes gazmoñas, hecha para los principados y para los clanes espiritistas.

No hay, en los poemas de Mejía, esa tendencia grandilocuente que encontramos en los poetas de su generación, ni siquiera cuando coincide en expresar un desgarramiento excesivo, de fuerte linaje maldito. Lo absurdo, vigente en sus poemas, goza de una festividad engañosa, que da señales auténticas de adverso mestizaje verbal. Sus poemas no tienen el empuje metafórico de los poetas más representativos de su generación, ni la apretada simbolización y sonoridad que los caracteriza, ni el relajamiento semántico de los poetas de los años 70. Su propuesta es contraria, ni buena ni mala, sino justamente contraria, resaltando el valor primario de la palabra, recubriendo ese valor con un antivalor, desmintiendo el antivalor por medio de la afirmación de la consciencia hasta llevarnos a resultados bruscos o sutiles, a esa analogía de la negación como sustancia de lo finito. El poeta es consciente de que todo cambia, incluso la palabra y su imagen. Y es consciente de que su misión —si alguna tiene como imperiosa— es procurar que la palabra vuelva a su origen: la imagen. Basta con su intervención como demiurgo. Imagen y silencio parecen ser signos de la nulidad, de la transición hacia algo, hacia todo y hacia nada.

El ritmo de los poemas de este libro de Amable Mejía está resguardado, no por un zigzagueo, sino por una retaguardia y por una negación, que es, además, simbólica, que se autodestruye en la afirmación de su propia preexistencia, de forma circular.

Es así que una suerte de negación-afirmación se desplaza, con impulso veraz, en la mayor parte de los poemas, digamos, como un estado anímico avasallante. La negación, como tema, o la negación como reacción a una postura personal frente a la vida. Este aspecto, vivo, conscientemente, en los poetas de su generación, en los poemas de El amor y la baratija, es llevado a consecuencias privilegiadas, con un tratamiento, como ya dije antes, cercano a los clásicos griegos y latinos.

En el comienzo fui Yo. A mitad del camino, Yo. A cualquier hora del día o la noche, Yo. De espalda, Yo. Yo en el sí, en el no. Para encender la luz o apagarla, Yo. Mire o no mire, Yo. (PARA QUE NO PIENSE. Pag. 14)

(…)

La sensatez no siempre es un atributo a tomar en cuenta para la vida, en el fondo es negadora de esos momentos que se valoran como importantes y trascendentales. Luego, es como si quisiéramos que toda nuestra existencia pase a valorarse a partir de ese momento. (CONTRA-TIEMPO. Pag 15)

Amable Mejía no es tonto, como suelen ser los poetas que quieren cruzar corriendo sobre la cuerda floja, en lugar de equilibrarse bien. Evita, al tomar seguras precauciones, de no perder equilibrio (lo más que puede), ni de quedarse estático, atento a las miradas de un público irrisorio y mandado por una capacidad bruta, servil, demoníaca. Amable Mejía se distingue por ser honesto con su propia forma de prosodia. Podrá ser parlanchín, entre sus amigos y con ellos, que también lo son repetidas veces, como toda camaradería fidedigna, pese a todo tipo de embrollo, digamos, trivial e inevitable, pero eso es al margen de la escritura, en la oralidad de cuerpo presente.

El prójimo, incluyéndome, es uno de esos términos que cabe en cualquier lugar, pero no se acepta con la facilidad con que decimos: 'Venga a mí…'. (TARDE EN UNO. Pag. 19)

La idea del "yo" es superior a la del "nosotros"; y conlleva una reacción, tal vez, familiar, tal vez enemiga al ideal del otro. El otro, el supuesto yo, es siempre el ente de lo absurdo y de lo inmediato. El lenguaje que nos da el poeta es el de un hombre que no desea ocultarse detrás de alguna falsa idea, por voluptuosa, por manida o por espontánea que parezca. Y he aquí, otra vez, su mofa ante su propio absurdo:

Confío en mí tanto como en la llave rota dentro de la cerradura. Razono en ella tanto como lo haría con el ratón
que dejé encerrado en el estanque, en el cuarto sin techo,
con la luna llena esperando y lloviendo. (LA LLAVE
ROTA DENTRO DE LA CERRADURA. Pag. 35)

(…)
Teniendo como paisaje el mar, una niña se suelta los cabellos.
En ese mismo instante, otra, tan lejos como se pueda
imaginar,
lo hace frente al espejo y a un pequeño bosque,
fruto de la laboriosidad de su padre y el tiempo.

La que está frente al mar, cuando cierra los ojos,
Poseidón la observa. La del espejo, yo.
(POSEIDÓN. Pag. 58)

Con este libro, El amor y la baratija, Amable Mejía,
ha mostrado una dignidad poética, una actitud pasmo-
samente similar a la que habíamos presenciado en los
poetas más representativos de la Generación 80, similar,
pero, a leguas, con visos propios, paródicos y trágicos; y
me refiero a una actitud frente a la relación entre poesía,
vida y experiencia.

José Alejandro Peña
West Virginia , Estados Unidos de América
10 de enero, 2018

ÍNDICE

Colofón

Esta segunda edición de *El amor y la baratija,*
de Amable Mejía, se terminó de imprimir
en los Estados Unidos de América
en abril de 2019, con patrocinio de la
Sociedad Internacional de Escritores

OBSIDIANA PRESS
www.oplibros.com
www.obsidianapress.net
e-mail: info@obsidianapress.net